العَصيرُ لِلْجَميعِ!

بِقَلَم: مَحْمود جَعْفَر

بِريشَة: ليزي والكلي

Collins

غَسَلَتْ أُمِّي العِنَب ...
وششششششش!

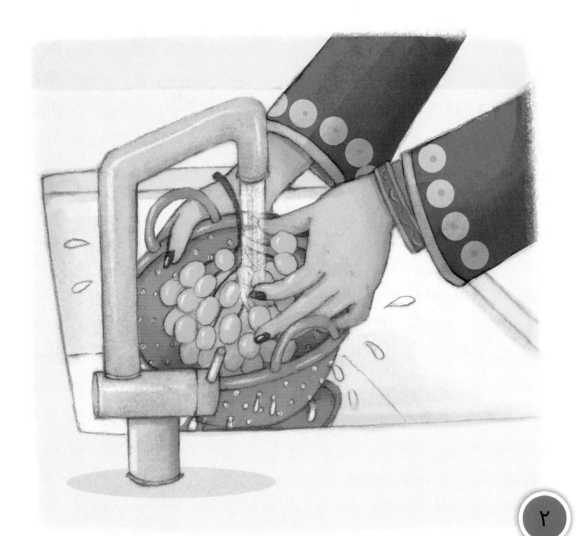

جَهَّزَتْ حُبوبَ الرُّمّان ...

كرررررررررررر!

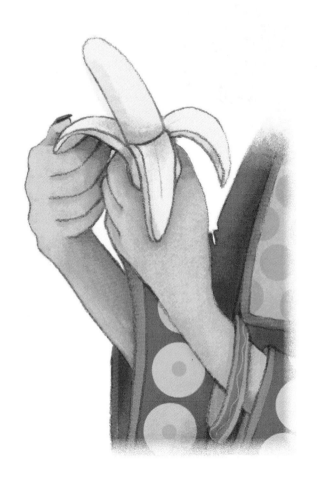

قَشَّرَتْ مَوْزَة ...
فُتْ! فُتْ! فُتْ!

قَطَّعَتْ تُفّاحَة ...

طَقْ! طَقْ! طَقْ!

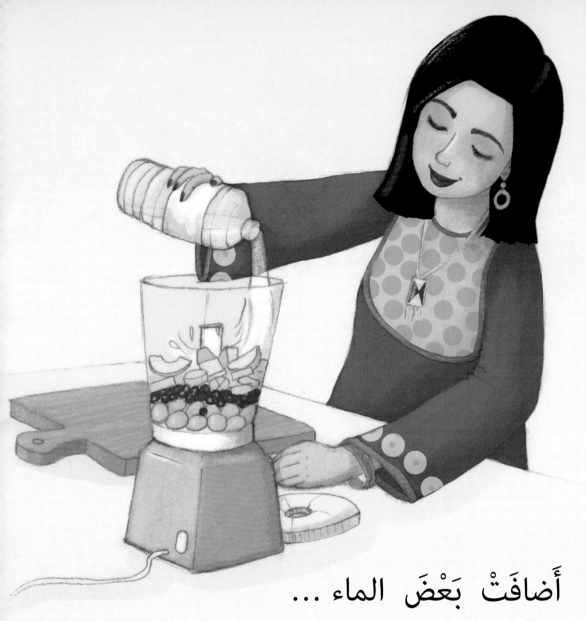

أَضافَتْ بَعْضَ الماء ...

كْلُكْ! كْلُكْ! كْلُكْ!

عَصَرَتْ أُمّي البُرْتُقالَة ...

زيييييك! زيييييك!

نَزَعَتْ بُذورَ الجَوافَة ...

بْلُبْ! بْلُبْ! بْلُبْ!

وَضَعَتْ بَعْضَ الثَّلْجِ ...
تِنْ! تِنْ! تِنْ!

خَلَطَتْ أُمِّي الفَواكِهَ مَعَ الثَّلْجِ والماء ...

زززززززززززززززززز!

صَبَّتْ أُمِّي العَصيرَ في أَكْواب ...
طِشْ! طِشْ! طِشْ!

نادَتْ أُمّي:
«العَصيرُ جاهِز! تَعالَوْا يا أَوْلاد!»

جَرَيْنا نَحْوَ أُمّي ...

زوووووووووووووو!

العَصيرُ لِلْجَميع!

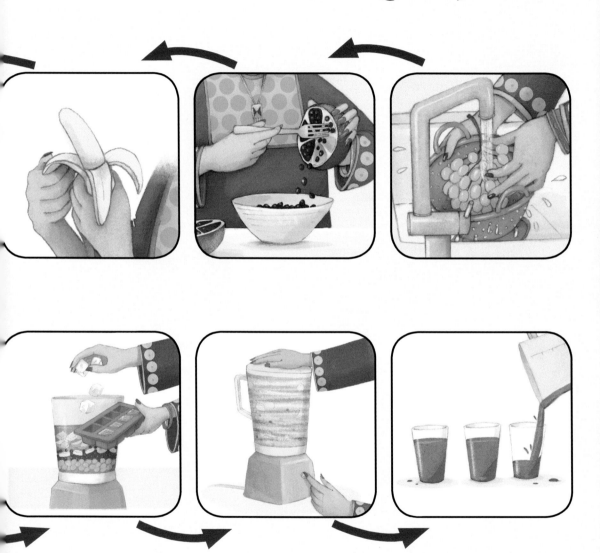

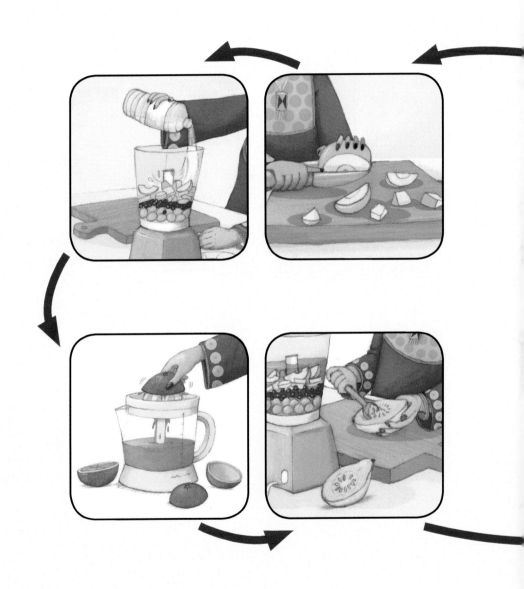

🐾 أفكار واقتراحات 🐾

الأهداف:

- قراءة النصّ بسلاسة بالاعتماد على المحاكاة الصوتيّة.

- متابعة أحداث بسيطة ومتسلسلة تنتهي بالنتيجة المتوقّعة.

- التعرّف على أفعال بسيطة في صيغة الماضي مسندة إلى ضمير الغائبة للمفرد "هي".

روابط مع الموادّ التعليميّة ذات الصلة:

- مبادئ العلوم: مفهوم العناصر والمكوّنات.

- مبادئ الرياضة: تنوّع الحركة واختلافها.

- مبادئ التغذية السليمة.

مفردات شائعة في العربيّة: أمّي، تفّاحة، الماء، بعضَ

مفردات جديرة بالانتباه: غَسَلَتْ، جَهَّزَتْ، قَشَّرَتْ، قَطَّعَتْ، أضافَتْ، عَصَرَتْ، نَزَعَتْ، وَضَعَتْ، خَلَطَتْ، نادَتْ

عدد الكلمات: ٦٩

الأدوات: ورق، أقلام رسم وتلوين، انترنت

قبل القراءة:

- ماذا ترون على الغلاف؟ ماذا سيحدث في رأيكم؟

- هيّا نقرأ العنوان معًا. ماذا تعرفون عن العصير؟ كيف نعدّه؟

- هل لديكم عصير مفضّل؟ ما هو؟ ما طعمه؟ ما هي مكوّناته؟

أثناء القراءة:

- انتبهوا إلى كلمة "وششششش!" ص ٢. من أين يأتي هذا الصوت؟

- وماذا عن الكلمة المتكرّرة "طق! طق! طق!" ص ٥؟ ما الّذي يُصدر هذا الصوت؟

- هل أعجبتكم الكلمات الّتي تعبّر عن أصوات؟ مَن منكم يفكّر في حركة أو فعل، ثمّ يقترح لهذه الحركة أو هذا الفعل صوتًا ويكتبه؟